AF272698

Wasser-Gesänge

Lyrische Verse eines jungen Dichters

von
Wolfgang H. Hoppe

2005

Herstellung und Verlag: Books on Demand GmbH,
Norderstedt
Titelblattzeichnung: Kai Bammann
Titelblattbeschriftung: Annemarie Fleuriot

ISBN 3-8334-1647-5

Inhaltsverzeichnis

Zugabe – Gedichte an Bastian

Herzblut

Du bist mein Leben. Du allein!
Du gibst mir Kraft. Ich kann sie spüren.
Ich möchte immer bei Dir sein
mit Worten, die Dein Herz berühren.

Du bist das Meer. Du bist das Licht.
Du ziehst mich an. Mit Leib und Seele.
Ein tiefes Sehnen gibt Bericht
von meiner Liebe: Herz erzähle!

Du bist die Rose. Rot wie Blut.
Du sprichst mit mir. Du läßt mich weinen!
Ja, Deine Dornen kenn' ich gut,
mit Dir nur will ich mich vereinen!

Du bist mein Lachen und mein Schmerz.
Du führst mich leicht. Zu Apfelbäumen.
Im Himmel schmiegt sich Herz an Herz,
so laß mich noch ein wenig träumen!

Du bist so rein und spielst mit mir!
Du magst mich wirklich. Laß mich schweigen!
Es stimmt: Ich bin verrückt nach Dir
und möchte flieh'n und mich nicht zeigen.

Du bist das Glück, das in mir brennt.
Du machst mich frei, erfüllst mein Leben,
und bin ich auch von Dir getrennt,
weiß ich: Nur Du kannst Liebe geben!

Du bist ein Schatz. Mein Herz ist Dein!
Du läßt mich hören, fühlen, sehen.
Will für Dich dichten, atmen, sein,
Dein Herz erfreu'n. Laß es geschehen!

Halb vertrocknet

Halb vertrocknet steh' ich da.
Ohne Dich!
Halb erfroren mit der Zeit.
Ohne Dich!
Halb erstarrt, so war mein Blick,
halb vernarrt schon in den Strick.
Ohne Liebe!

Halb zertrampelt fühl' ich mich.
Ohne Dich!
Halb gestorben an der Angst.
Ohne Dich!
Halb verrückt war ich vom Schmerz,
halb zerdrückt schon lang' mein Herz.
Ohne Liebe!

Halb vertrocknet war ich einst.
Ohne Dich!
Halb zertrampelt auf dem Weg.
Ohne Dich!
Halb erstarrt, in mich verkrochen,
halb zerdrückt, verstummt, gebrochen.
Ohne Liebe!

Halb verzaubert ist die Welt
nun durch Dich!
Halb betrunken bin ich nun,
nun durch Dich!
Halb ertränkt in Liebesweh,
halb verbrannt das Herz, o weh,
durch die Liebe!

Ganz durchflutet nun von Licht.
Nur durch Dich!
Auserkoren, neu geboren!
Nur durch Dich!
Ganz erfüllt von Rosen-Saft,
ganz gefüllt mit Lebenskraft,
durch die Liebe!

Angst

Ich habe Angst -
vor Dir, vor mir.
Ich habe Angst -
allein zu sein.

Ich habe Angst,
daß ich versag -
und nicht das tu',
was richtig ist.

Ich habe Angst,
daß ich nicht fühl' -
was Dich bedrückt,
Dir Kummer macht.

Ich habe Angst
Dich zu verlier'n.
Hast Du mir auch
niemals gehört.

Vertrau mir! Tu's
für Dich, für mich.
Vertrau mir! Wie
ein Kind es tut.

Vertrau mir! Komm!
Hast Du auch Angst.
Glaub mir, ich kann
das gut versteh'n.

Vertrau mir! Wie
ich Dir vertrau -
damit die Angst
der Liebe weicht.

Vertrau mir! Nur
das wär mein Wunsch -
dann hätte ich
nie wieder Angst.

Ich liebe Dich

Ich liebe Dich, mein Herz ist klein!
Horch' wie es klopft,
hör' wie es tropft:
Bum-Di-Bum Bum-Di-Bum.

Ich liebe Dich, mein Herz ist Pein!
Horch' wie es weint,
hör' wie es greint:
Jeu-Bam Jeu-Bam Jeu-Bam.

Ich liebe Dich, mein Herz ist Dein!
Horch' wie es singt,
hör' wie es klingt:
Wa-Lala Wa-Lala Wa-Lala.

Ich liebe Dich, mein Herz ist rein!
Horch' wie es staunt,
hör' wie es raunt:
Ja-Du, Ja-Du, Ja-Du.

Es tut so weh allein zu sein!
Mein Herz, es sticht,
mein Herz, es bricht:
Pik-Pik-Gau Pik-Pik-Gau.

Wozu Worte

Was ich für Dich empfinde,
kann kein Wort wirklich sagen -
der Schmerz, die Tränen und das Glück.

Ein Dichter sucht im Winde
nach Worten, es zu wagen!
Zu grob sind sie für dieses Stück.

Und ohne Wortgebinde -
kein Jubelschrei, kein Zagen -
bleibt so ein leeres Blatt zurück.

Denn: „Wozu Worte?" sei gefragt,
„Wo doch ein Lächeln alles sagt!"

Zuhause

Ne steife Brise weht von See,
bringt Wolken mit, düster und grau.
Hart ist das Leben hier und rauh!
Doch sieh! Dort sprießt trotzig ein Klee.

Mein Leuchtturm steht - einsam am Strand.
Geborgen fühl' ich mich nur dort.
Jedoch ein Heim ist nicht der Ort,
denn ohne Dich, seh' ich kein Land.

Du unterspülst den hohen Deich,
die Mauern meines Herzens heiß,
wie ein Orkan durchbricht das Eis.
Den Weg zu mir befreist Du gleich.

In meinem Herzen ist ein Platz
für Dich - wann immer Du ihn brauchst!
Ob Du dann schweigst, ob Du dann fauchst,
komm einfach zu mir - wie ein Spatz!

Zuhause ist nur wo Du bist!
In Kanada, New York, Berlin.
Hamburg ist kalt! Drum laß uns flieh'n!
Zuhause ist nur wo Du bist!

Sehnsucht

Laß mich Deine Gitarre sein.
Glaub mir, ich habe tausend Saiten.
Sie sehnen sich nach Dir allein.
Gezupft zu werden alle Zeiten.

Laß mich Deine Trompete sein.
Glaub mir, ich möcht' Dir soviel sagen.
Dein Atem erst vertreibt die Pein.
So blas mich zärtlich, hör mein Klagen!

Laß mich Dein Hammerklavier sein.
Glaub mir, es ist nur leicht verstaubt.
Betaste mich, tagaus, tagein -
spielst Du nicht mehr bin ich betraubt.

Komm mit! und sei mein Ozean,
voll frischer Wassertropfen-Glieder,
in dem ich ganz versinken kann.
Die Wellen flüstern Liebeslieder.

Meine Sonne

Du, meine Sonne! Scheine, scheine!
Ich sehne mich nach Dir alleine!
Du gibst mir Wärme, Kraft und Licht.
Schick mich nicht fort, zerstör mich nicht!

Du, meine Sonne! Glühe, glühe!
für mich, bei Nacht und in der Frühe,
und hülle mich in Dein Gewand.
Schick mich nicht fort, reich mir die Hand!

Du, meine Sonne! Strahle, strahle!
Erleuchte meine Ideale,
berühre mich von Kopf bis Fuß.
Schick mich nicht fort, komm! gib mir Gruß!

Du, meine Sonne! Lache, lache!
Am Himmel hältst Du edle Wache,
tauchst meine Welt in Königsblau.
Schick mich nicht fort, mir ist so flau!

Du, meine Sonne! Winke, winke!
Ich fürchte, daß ich jetzt ertrinke,
erfüllt von Glück und Schmerz zugleich. -
Nun bist Du fort - und ich - bin reich.

Weil ich Dich liebe

In meinem Herzen
trage ich Dein Bild.
Weil ich Dich liebe.

So strahlend blau, wie Deine Augen,
kann nur der Himmel sein.
Darum ist mir Dein Lächeln
kosmischer Sonnenschein.
Der Sehnsucht heißes Feuer
bringt mir nun Liebespein.

So leuchtend rot, wie Deine Nase,
glänzt nur ein Edelstein.
Doch spür' ich Deinen Atem,
sind alle Schätze mein,
und eine tiefe Freude
strömt in mein Herz hinein.

So golden, wie Dein ganzes Wesen,
muß Deine Seele sein.
Und wenn ich von Dir träume,
bin ich nicht mehr allein.
Dann schwebe ich geborgen -
das muß der Himmel sein!

In meinem Herzen
trage ich Dein Bild.
Weil ich Dich liebe.

Ich denk an Dich

Ich denk an Dich -
ich sollt' es nicht!
Ich weiß es wohl,
doch kann ich's nicht!

Ich denk an Dich
bei Tag und Nacht.
Ich denk an Dich
auch noch im Schlaf.

Ich denk an Dich!

Bist Du allein wie ich es bin,
oder vergnügt und leicht zu Sinn?
Bedrückt Dich Kummer, Not und Pein,
oder schwebst Du auf Wolken fein?

Vielleicht bist Du verliebt sogar?
Sag mir: Was macht Dein blondes Haar?
Und wie es Dir ergangen ist,
in der Zeit, die vergangen ist!

Ich möchte wissen, was Du machst -
grad' jetzt! Mit wem Du singst und lachst!
Wohnst Du zur Miete? Und wozu?
Ich frag' mich öfter: Wo bist Du?

Soviel passiert in einem Jahr,
in einem Augenblick sogar!
Drum geb die Hoffnung ich nicht dran,
daß Du Dich meldest irgendwann!

Ich denk an Dich -
ich sollt' es nicht!
Ich weiß es wohl,
doch kann ich's nicht!

Ich denk an Dich.

Ich denk an Dich!

Auf einer grünen Wiese

Ich schlafe sanft -
bitte weck mich nicht!
und atme leis'
im Sommerwind,
auf einer grünen Wiese.

Ich träume süß -
bitte weck mich nicht!
und singe stumm
ein Liebeslied,
auf einer grünen Wiese.

Ich werde leicht -
bitte weck mich nicht!
und bade tief
im Himmelblau,
auf einer grünen Wiese.

Ich fühl mich wohl -
bitte weck mich nicht!
und treibe ganz
im Meer der Zeit,
auf einer grünen Wiese.

Ich bin nicht da -
bitte weck mich nicht!
und liege doch
so nah bei Dir,
auf einer grünen Wiese.

Liebeslied

Mach die Augen zu,
und leg Dich zu mir hin!
Laß uns nur zusammen träumen.

Und dann spürst auch Du,
das Nichtstun ist Gewinn!
Weil wir zwei hier nichts versäumen.

Mach die Augen zu,
ertaste meinen Sinn.
's ist wie unter grünen Bäumen.

Und im Nu bist Du
in meinem Herzen drin.
Und führst mich zu neuen Räumen!

Mach die Augen zu,
bis ich Eins mit Dir bin,
daß vor Glück wir überschäumen!

Ich denk nicht mehr an Dich

Junges Moos durchbricht die Erde
und das Korn wiegt sich im Wind.
Frisches Grün ist in den Zweigen,
Wiese duftet - wie Dein Atem.
(Wenn ich an Dich denken würde!)

Meisen putzen ihr Gefieder
und die Eule baut ein Nest.
Entlein schwimmen um die Wette,
Amseln zwitschern - süß wie Du.
(Wenn ich an Dich denken würde!)

Meeresrauschen in der Ferne,
Melodie in meinem Kopf.
Wolken sehe ich am Himmel,
und die Sonne - wie Dein Lächeln.
(Wenn ich an Dich denken würde!)

Es versinken die Gedanken,
und mein Kopf wird leer, ganz leer.
Diese Stille! Und dann plötzlich
herrscht ein Frieden - wie in Dir.
(Wenn ich an Dich denken würde!)

Und -
was ich Dir noch sagen wollte -
wenn ich an Dich denken würde,
ist folgendes, daß Du's nur weißt:
Ich - Ich denk nicht mehr an Dich!

Das Pendel

Und ich, ich hab' ein Pendel,
das gibt mir Zuversicht!
Weil es mir sagt, was ich tun soll,
und wichtiger: was nicht.

Ich trag' es immer bei mir.
Ich frag' es frei heraus!
Und wenn Du mir sympathisch bist,
dann schlägt es mächtig aus.
Rührt sich das Pendel jedoch nicht,
dann wird leider nichts draus!

Denn ich - ich hab' ein Pendel!
das ist mal groß, mal klein.
Ist's groß, lautet die Antwort Ja!
Ich spür' die Schwingung fein.
Und ist es klein, weiß ich genau,
das heißt soviel wie Nein!

Mein liebes, gutes Pendel!
Ich frag' es jeden Schei'!
Sitz' ich zuhaus' und les' ein Buch,
geh' ich abends zu Kai?
Schreib' ich nen Brief an irgendwen,
oder wart' ich bis Mai?

Mein Pendel gibt mir Kraft,
ich nenn' es Dino bloß.
Es führt mein Leben nun für mich,
drum laß ich es nicht los.
Und wenn ich Dino sanft berühr',
dann fällt's mir in den Schoß.

Ich brauche noch ein Pendel,
das ich dann konsultier':
Ob ich Dino befragen soll
oder lieber pausier'?
Und falls auch das nicht hilft hab' ich
zwei Steine noch bei mir!

Nahrungsmittel für Poeten

Zeig mir Reime,
süße Reime,
süß wie Schokolade.

Bring mir Träume,
klare Träume,
Seelenlimonade.

Gib mir Freude,
stille Freude,
daß mein Herz drin bade.

Schenk mir Liebe,
wahre Liebe,
göttliche Kaskade.

Hilf mir!

Hilf mir, ich erfriere!
Hilf mir durch die Nacht!
Ich brauch' Deine Liebe,
die mich glücklich macht
und mein Lebensfeuer
wieder neu entfacht!

Hilf mir, ich muß weinen!
Hilf mir, halt mich fest!
Ich brauch' Deine Arme,
wo sich's träumen läßt!
Dort bin ich geborgen,
und da ist mein Nest!

Hilf mir, denn ich falle!
Hilf mir durch die Angst!
Ich brauch' Deine Stimme,
daß Du um mich bangst
mir das eine Wort nur
in die Tiefe langst.

Hilf mir, ich verglühe!
Hilf mir, denn es brennt!
Ich brauch' Deine Nähe,
weil mein Herz erkennt.
Es ruft Deinen Namen
bis uns nichts mehr trennt.

Mondschein

Der Mond scheint in mein Zimmer
und grinst. Das tut er immer.
Des nachts, wenn ich nicht schlafen kann.

Ein silberweißer Schimmer
durchzieht die Welt dann immer.
Des nachts, wenn ich nicht schlafen kann.

Der Mond, das ist ein Schlimmer!
Bescheint Verliebte immer.
Des nachts, wenn ich nicht schlafen kann.

Und es erwacht Gewimmer
in mir - so stark wie nimmer!
Des nachts, wenn ich nicht schlafen kann.

Der Mond hat keinen Dimmer
und grinst mich an. Wie immer!
Des nachts, wenn ich nicht schlafen kann.

Oktopus

Wer schleicht im Dunkeln um die Ecken -
auf Samtpfötchen, mit schwarzem Fell?

Wer jagt die Maus, nur sie zu necken?
Zwei blaue Augen funkeln hell.

Wer spitzt die Ohren, spielt Verstecken?
Ein Schwanzende verbirgt sich schnell.

Wer sitzt am Fenster, schnurrt auf Decken?
Denn Träumen ist sein Naturell!

Wer putzt sich oft und gern durch Lecken,
so daß er glänzt wie Aquarell?

Pussi.

Katerlos

Ein Kater namens Oktopus
fuhr gestern mittag Omnibus
nach Wandsbek in die Stadt.

Zu Doktor A., das war Beschluß,
trug man den Kater Oktopus,
auf einem Zeitungsblatt.

Da klagte er: „Miau, miau!
Mir ist im Magen oft so flau!
Der Mond macht mich so matt!"

„Ein kleiner Schnitt wirkt Wunder hier",
versprach der Doktor A. dem Tier,
„Das machen wir schon glatt!"

Darauf entnahm er einem Schrank
das Chloroform. „Na, Gott sei Dank - "   - !! -
Da ist der Kater platt!

Die Sehnsucht, die war schuld daran,
daß Doktor A. dem guten „Mann"
was abgeschnitten hat.

Den ganzen Tag war Pussi schlapp.
Er schlief, ganz tief - und ab ist ab!
Doch nachts fraß er sich satt.

Schach-Requiem

Wie hölzern sind mir Turm und König
seit ich sie heute früh berührt.
Ich habe einfach nichts gespürt.
Schwarz oder weiß ist jedes Feld.
So fremd war die vertraute Welt!

Und staunend wird mir klar wie wenig
ein Doppelbauer in mir rührt,
in zwei Quadrate eingeschnürt,
so leblos auf das Brett gestellt.
Doch kunterbunt ist meine Welt!

Dem Läufer ist dies Spiel eintönig,
nur eine Farbe ihm gebührt -
zum Leben hat's ihn nicht geführt.
Es schnaubt das Roß, die Tante fällt.
Nimm Abschied nun von dieser Welt!

In Dank bewahr ich dieses Spiel!
Dereinst warst Du für mich so viel,
hast manches mir gegeben.

So ruhe sanft! Mein Herz strahlt matt,
denn heut' beginnt ein neues Blatt
in meinem bunten Leben.

Sebastian

Dich hat der Himmel mir geschickt!
Mit Küssen stillst Du meine Triebe!
Im Nu hast Du mein Herz umstrickt
mit Zärtlichkeit und Liebe.

Mein Herz glaubt heute es erstickt.
Denn Du bist fort. Wir sind getrennt!
Erst gestern hat es Dich erblickt.
Wo bist Du jetzt? Die Sehnsucht brennt!

Bin vollkommen nach Dir verrückt
und will Dich so gern wiederseh'n!
Ich geb mich hin, himmlisch verzückt,
wenn wir zusammen tanzen geh'n.

Ich möchte sterben, bin geknickt,
in Schmerz und Glück versunken.
Will endlich leben ungebückt!
Noch bin ich nicht ertrunken!

Du bist der Mann, der mich entzückt
mit seinen blauen Augen!
Du bist der Mann, der mich erquickt!
Will jeden Atemzug einsaugen.

Spiegelbild

Ich sehe in den Spiegel.
Du siehst so aus wie ich!
Bist Du ein Kind, ein Mann, ein Igel?
Ich möcht es wissen, also: sprich!

Ich starr Dich an, doch Du bleibst stumm!
Warum bist Du so stachelig?
Ganz langsam wird es mir zu dumm!
Wenn Du nicht willst, dann rede ich!

Ich sage nicht: „Ich liebe Dich!".
Ich denk nicht dran, Du sturer Bock!
Du sagst nichts? Gut! Ich hol' den Stock!
Du hast die Wahl: sprich oder Stich!

Ha!

Gewitterregen

Aufgetürmte Wolkenberge
wachsen drohend rings um mich.
Ziehen Grenzen kalter Trauer
und ich selbst bin nur ein Strich.

Riesengroße Wolkenmassen
wachsen weiter kreuz und quer.
Drücken meine Welt zusammen,
lasten auf mir schwarz und schwer.

Kann nicht weichen, bin gefangen,
meine Trauer schließt mich ein.
O wann kann ich endlich weinen,
endlich wieder glücklich sein?

Da durchzuckt ein Blitz mein Wesen.
Mir wird heiß. Ich hör es knallen.
Jetzt krampft sich mein Herz zusammen,
und die ersten Tropfen fallen.

Endlich!

Ein Gebirge stummer Trauer
löst sich auf in Tränen-Flut.
Dieser Regen meiner Seele
reinigt Schmerzen, Angst und Wut.

Endlich.

Zarte Tropfen

Zarte Tropfen trüben Wassers
rinnen über mein Gesicht.
Schwemmen Kummer über Grenzen
kurz bevor mein Herz zerbricht.

Seifenblasen tiefer Sehnsucht
bringen mich ins Gleichgewicht.
Reinigen die tiefen Wunden
sanft und kraftvoll Schicht für Schicht.

Weiche Perlen meiner Seele
kommen Stück für Stück ans Licht.
Schimmern golden, unvergessen,
wie ein zärtliches Gedicht.

Heiße Sterne freien Willens
funkeln hell, das Leben spricht!
Siegen über Angst und Zweifel.
Nicht für mich ist der Verzicht!

Scheue Tränen meiner Kindheit
wagen zaghaft sich ans Licht.
Zeigen Dir all meine Liebe!
Fürchte meine Tränen nicht!

Hymne

Es ist so schön bei Dir zu schlafen,
an nichts zu denken, nichts zu tun.
Komm! führe mich in Deinen Hafen,
denn meine Seele möchte ruh'n.

Es ist so schön von Dir zu träumen,
und nichts zu missen, nichts zu tun.
Erzähle mir von grünen Bäumen!
Von Dir stammt Rose, Mond und Huhn.

Es ist so schön zu Dir zu singen,
die Luft zu fühlen, frei zu sein.
Dein Atem soll mich ganz durchdringen!
denn Freude gibst nur Du allein.

Es ist so schön in Dir zu leben,
das alles und doch nichts zu sein.
Ich kann nicht nehmen, kann nicht geben,
was Du nicht schenkst barmherzig rein.

Es ist so schön mit Dir zu spielen,
mit Deiner Schöpfung Eins zu sein.
So nimm mich mit zu Deinen Zielen!
was auch geschieht: mein Herz ist Dein!

Seufzer

Ach! wie es stürmt. Ach! wie es schneit.
Hab Todesangst. Mein Wesen schreit
in dieser Nacht nach Ewigkeit.
Der Weg zu Dir ist noch so weit!

Hui! wie es pfeift. Hui! wie mich friert.
Hier draußen bin ich isoliert.
Brauch einen Freund, der mich kuriert,
und der mein Leben transformiert.

Ach! wie es stürmt. Ach! wie es schneit.
Ich gehe durch die Dunkelheit -
allein - durch Kälte, Raum und Zeit,
bis sich mein Herz dereinst befreit!

Selbstgespräch

Heute muß ich mit Dir reden,
denn ich weiß nicht ein noch aus.
Zentnerschwere Panikwolken
hängen über mir, o Graus!

Bringen Tod mir und Verderben!
Ja, ich fühle es genau,
wenn ich weine, muß ich sterben!
Welt ist düster, kalt und grau.

Spüre, daß die Deiche brechen,
die ich einst errichtet hab.
Immer höher steigt das Wasser
und die Angst: es ist ein Grab!

Habe noch so viele Fragen,
und kein Rettungsboot.
Werde sie Dir einfach sagen!
Hilf mir aus der Not!

„Sag mir, darf ich weinen
ohne Angst bei Dir?" -
„Ja, hier bist Du sicher.
Komm einfach zu mir!"

„Was ist, wenn ich weine?
Bleibst Du dann bei mir?" -

„Ja, hier bist Du sicher,
denn ich bin bei Dir!"

„Spürst Du meine Tränen?
Find ich Halt bei Dir?" -
„Ja, hier bist Du sicher.
Komm einfach zu mir!"

„Werd ich nicht ertrinken?
Was geschieht mit mir?" -
„Nein, hier bist Du sicher,
denn ich bin bei Dir!"

„Also gut! Ich möchte weinen,
nur beschützt von Dir!
Ja, ich weiß, hier bin ich sicher,
denn Du bist bei mir!" -

„Es war gut mit Dir zu reden,
doch bevor Du mich verläßt,
komm! und küß mich! denn ich lebe!
und jetzt halt mich fest, ganz fest!"

Du bist Energie für mich

Deine Augen streicheln mich.
Deiner Küsse heißes Feuer
versprechen süße Abenteuer.
Du bist Energie für mich.

Sehnsuchtsvoll gestimmt bin ich.
Möchte Deine Hand berühren,
Deine Brust nur auf mir spüren.
Du bist Energie für mich.

Und doch bin ich überglücklich,
denn Dein Herz schlägt mir entgegen.
Bauch und Beine, welch ein Segen!
Du bist Energie für mich.

Auch der Rest ist königlich.
Ohne Dich - das ist kein Leben!
War im Nu Dir treu ergeben!
Du bist Energie für mich.

Ja, ich weiß, ich liebe Dich!
Möchte nur mit Dir verschmelzen,
mich mit Dir durchs Leben wälzen.
Du bist Energie für mich.

Bruno

Du kamst zu mir.
Ich saß im Park.
Du sahst mich an
warst jung und stark.
In Deinen Augen
war viel Licht.
Sie baten scheu:
„Enttäusch' mich nicht!"

Du kamst zu mir.
Ich hörte zu. -
Sie sagten Dir:
„Laß mich in Ruh!'"
Ihr Rat hat Dich
nicht sattgemacht.
Nur hungriger.
Es ist fast acht.

Du kamst zu mir.
Ich nahm Dich an.
Du warst ein Kind
und auch ein Mann.
So fremd ist dieses
Land für Dich.
Ich sage Dir:
fremd auch für mich!

Du kamst zu mir.
Ich gab Dir Geld.
Wie Du Dich freutest
kleiner Held!
Du brachtest mir
des Freundes Band
und gabst zum Abschied
mir die Hand.

Du kamst zu mir.
Hast mir vertraut.
In Deiner Not
auf mich gebaut.
Nicht ich - Nein Du
hast mich beschenkt!
Dank jenem, der
den Himmel lenkt!

Du kamst zu mir.
Nun bist Du fort.
Der Himmel glänzt
im Abendrot.
Ich sitze hier
im Sommerwind
und wünsch Dir Glück,
mein großes Kind!

Der Do

Wer du auch bist,
ich bin der Do.
Mein Ursprung ist
das Nirgendwo.

Ich schlängle mich
durchs Irgendwo;
und führe Dich.
Ich bin der Do.

Was du auch tust,
ich bin der Do.
Bin überall
und nirgendwo.

Ich zeige Dir
das Nirgendwo;
suchst Du nach mir.
Ich bin der Do.

Wo du auch bist,
bin immer Do
und trage Dich
durchs Irgendwo.

Komm! folge mir
ins Nirgendwo.

Docht

↓

v

D

Do

Doc

Doch

Docht

Leidenschaft

Ein großer süßer Teddybär
bist Du für mich mit Deinen Ohren.
In dieser Welt so kalt und hart,
da bist Du rettungslos verloren.
(Ich habe Angst - um Dich.)

Die Tränen hast Du gut versteckt.
Die Sehnsucht glänzt in Deinen Augen.
Brauchst Zärtlichkeit, viel Zärtlichkeit.
Würd' gern an Deinen Lippen saugen.

Wenn Du Gefahren nicht erkennst,
reicht Deine Nase, Dich zu warnen?
Wenn niemand da ist, der Dich schützt,
bleib bei Dir! Laß Dich nicht umgarnen!
(Ich habe ganz viel Angst um Dich!)

An Deiner weichen warmen Brust,
da möcht ich sein und mit Dir schmusen.
Wiegst neunundneunzig Kilogramm,
gelobt sei Gott für diesen Busen!

Du suchst nach Wahrheit, Weg und Ziel
und irrst - schon lang! - allein umher.
Dein Herz hat es mir gleich erzählt.
Bau auf die Liebe - und nichts mehr!
(Ich habe Angst - um Dich.)

Einst hat die Nacht uns zwei vereint
und atemlos zurückgelassen.
Jetzt ist es Tag. Was auch geschah,
ich kann es immer noch nicht fassen.

Spürst Du wie ich den Trennungsschmerz,
war es auch nur ein Stück der Triebe?
Ich mag Dich noch und weiß genau:
Wir suchen beide nach der Liebe.
(Ich habe Angst - viel Angst um Dich.)

Gesang der Nachtigallen

Ich laß Dich nicht fallen –
aber allein.
Ich muß weiter wallen -
aber allein!

Du bist umgefallen -
aber nicht mein.
Du willst das Glück krallen -
aber nicht Mein!

Und zwei Nachtigallen singen ein Stück,
von Dir und von mir, von Liebe und Glück.

Wir müssen zerfallen -
aber allein!
Wir werden verhallen -
aber allein.

Ihr hört nur ein Fallen -
aber nicht mein!
Ihr sollt euch umschnallen -
aber nicht Mein.

Und zwei Nachtigallen singen ein Stück,
von Dir und von mir, von Liebe und Glück.

Hingabe

Wenn ich nichts mehr spüre,
dann bin ich tot.
Dich nicht mehr berühre,
dann bin ich tot.

Wenn ich nicht mehr fühle,
dann bin ich tot.
Nur stumpf im Dreck wühle,
dann bin ich tot.

Was soll ich hier unten?
Alles ist tot.
Im Treiben dem Bunten.
Alles ist tot.

So werd' ich verderben.
Alles ist tot.
Nicht leben, nicht sterben.
Alles ist tot.

Dabei will ich leben
und zwar ganz und gar.
Das heißt alles spüren,
so wie es einst war!

Nur atmen und fühlen,
Leid, Liebe und Glück.
Und Dir alles geben.
Es gibt kein Zurück!

Die Stille begrüßen.
Allein mit Dir sein.
Und zu Deinen Füßen
ist Leben allein.

Und zu Deinen Füßen
wird mein Leben dein!
In Ewigkeit dein.

Begegnung

Du hattest Dich für mich entschieden.
Ich hatte Dich spontan gewählt.
Wir lagen gleich uns in den Armen.
Wie lang - hat für uns nicht gezählt.

Du hast mich überall gestreichelt.
Ich küßte Dich in einem fort.
Wir stürzten uns in das Erleben.
Zwei Körper fanden einen Port.

Und Deine Lust war ungeheuer!
Ursprünglich, kraftvoll, jung und wild.
Ich hing an Dir mit Haut und Haaren,
hingebungsvoll und ungestillt.

Dein Liebeszauber ließ mich schmelzen,
wir wurden eins: Ekstase pur!
Durchflutet von der Liebe Kraftstoff
blieb ich zurück; auf heißer Spur.

Der Dank strömt mir aus jeder Pore.
Du sitzt allein an einem Tisch.
Ich hab Dich lieb - und lasse Dich los -
noch atemlos wie'n Wasser-Fisch.

Mimi

Bohr Deine Krallen nicht in mich,
beiß lieber Deinen Kater.
Du kleines, süßes, freches Biest,
leg Dich sofort schnurrend zum Vater!

Im Wasser

Im Wasser klingen tausend Tropfen,
mal süß, mal zart, mal schwach, mal laut;
umfangen mich mit Haar und Haut.
Bin schon von einem Tropf betrunken.

Im Wasser jubeln tausend Tropfen:
„Komm, tanz mit uns! Wir lieben Dich!"
Sie stürzen in die Tiefe sich,
versprühen heiße Freude-Funken.

Im Wasser sprudeln tausend Tropfen.
Sie rufen mich! so hell und klar.
Da ist mein Herz, wie sonderbar!
in diesem Ozean versunken.

Auf einer Wolke

Auf einer weißen Wolke fliegen
und über fremde Länder zieh'n.
Frei wie der Wind mit Blättern spielen,
einmal von allen Zwängen flieh'n.

Auf einer weißen Wolke schweben
und über alle Grenzen geh'n.
Der Sonne folgen, mit ihr träumen,
die ganze Welt von oben seh'n.

Auf einer weißen Wolke leben
und ringsherum ist blaues Meer,
mit Palmen, Sonne, Sand und Sternen -
und Dir! das wünsch' ich mir so sehr.

Sag mir, was Liebe ist

Sag mir, was Liebe ist -
denn ich habe es vergessen.
Zeig mir, was Liebe ist -
einmal hab' ich sie besessen!

Was Liebe ist kann ich nicht sagen.
Sie ist ein Zustand ohne Fragen.
Doch kannst Du Dir die Antwort geben.
Öffne Dein Herz! und Du wirst leben.

Sag mir, wo Liebe ist -
denn ich habe es vergessen.
Zeig mir, wo Liebe ist -
einmal hab' ich sie besessen!

Wo Liebe ist - Kennst Du die Orte?
Sie kommt und geht dann ohne Worte.
Doch einen Ort kann ich Dir nennen.
Öffne Dein Herz! Du wirst erkennen.

Sag mir, wie Liebe ist -
denn ich habe es vergessen.
Zeig mir, wie Liebe ist -
einmal hab' ich sie besessen!

Wie Liebe ist - wie man sie findet?
Sie macht Dich glücklich und entschwindet!
Doch Du kannst täglich sie berühren.
Öffne Dein Herz! und Du wirst spüren.

Sag mir, was Liebe ist -
denn ich habe es vergessen.
Sag mir, was Liebe ist.
Sag mir, was Liebe ist!

Sim sala bim

Weine mit mir! Lache mit mir!
Vertraue der Liebe, und ich bin bei Dir!
Träume mit mir! Wache mit mir!
Vertraue der Liebe, und ich bin bei Dir!
Genieße das Heute, war Gestern auch schlimm. -
Denn Gestern war Gestern!
Genieße das Heute! Sag: Sim sala bim!

Rede mit mir! Singe mit mir!
Vertraue der Liebe, und ich bin bei Dir!
Schweige mit mir! Klinge mit mir!
Vertraue der Liebe, und ich bin bei Dir!
Genieße das Heute, war Gestern auch schlimm. -
Denn Gestern war Gestern!
Genieße das Heute! Sag: Sim sala bim!

Atme mit mir! Lebe mit mir!
Vertraue der Liebe, und ich bin bei Dir!
Tanze mit mir! Schwebe mit mir!
Vertraue der Liebe, und ich bin bei Dir!
Genieße das Heute, war Gestern auch schlimm. -
Denn Gestern war Gestern!
Genieße das Heute! Sag: Sim sala bim!

Blätter im Wind

Blätter im Wind
rauschen und klingen,
tanzen und singen:
Salam aleikum,
Salam aleikum!
Halleluja!

Blätter im Wind
wirbeln und fächeln,
wispern und lächeln:
Salam aleikum,
Salam aleikum!
Halleluja!

Blätter im Wind
fallen und stöhnen,
steigen und tönen:
Salam aleikum,
Salam aleikum!
Halleluja!

Blätter im Wind
loben und summen,
beten und brummen:

Salam aleikum,
Salam aleikum!
Halleluja!

Blätter im Wind
schreien und schaukeln,
grinsen und gaukeln:
Salam aleikum,
Salam aleikum!
Blätter im Wind -
Salam aleikum!
die keine sind...
Salam aleikum!
Halleluja!

Vergib mir!

Es brennen dunkle Kerzen
aus einem Schmerz im Herzen:
Vergib mir!
Ich knie vor *DIR* nieder
und bitte immer wieder:
Vergib mir!

Sag mir, wo hab' ich Dich benutzt
aus Gier den Anderen beschmutzt?
Vergib mir!
Es war doch schön Dich anzufassen!
Dann hab' ich Dich im Stich gelassen.
Vergib mir!

Und bitter ist, wo ich versagt
aus Eitelkeit ich nicht gefragt.
Vergib mir!
Die Wahrheit wollte ich nicht hören.
Sah keinen Weg mehr als: zerstören!
Vergib mir!

Ich spüre Angst, mein Herz ist kalt
aus Kummer ist es worden alt.
Vergib mir!

Nur *DU* allein kannst es erwecken
mit *DEINER* Liebe alles decken.
Vergib mir!

Es brennen dunkle Kerzen
aus einem Schmerz im Herzen:
Vergib mir!
Ich knie vor *DIR* nieder
und bitte immer wieder:
Vergib mir!

Pussi

Es läuft gebogen durch den Raum,
man weiß nicht: Wahrheit oder Traum?
und springt von Marrakesch nach Hamburg.
Und wer das weiß, der heiße Schurk'!

Es kommt gediegen auf mich zu,
nimmt Platz in aller Seelenruh'
auf meiner Brust, bereit zum Schwatze!
und mein Gesicht streift eine Tatze.

Schnurrt dann auf meinem Bauch so zart
und träumt vom Meer und Großer Fahrt
und Wüstensand und Autobussi.
Es ist, ganz richtig: Kater Pussi.

Du bist die Welt für mich

Liebe, Freude, Zuversicht,
Feuer, Wasser, Erde, Licht.
Du, Du bist die Welt für mich!

Sehnsucht, Hoffnung, ein Gedicht.
Wenn Du gehst: Vergiß mich nicht!
Du, Du bist die Welt für mich!

Atem, Leben, Dein Gesicht.
Dir zu dienen: meine Pflicht!
Du, Du bist die Welt für mich!

Sind wir das wirklich?

Wir sehen wie wir kämpfen, kriegen,
und wie wir steigen, fallen, siegen,
und sehen nicht wie wir verbiegen.
Und wenn wir lachen, weinen, spielen,
uns selbst vergiften, rauchen, dealen,
aus Gier nach jedem Staubkorn schielen.
Sind wir das wirklich?

Wir sind verkniffen, stolz und kühl,
brutal und ohne Mitgefühl;
bei uns erhält kein Wurm Asyl.
Und wenn wir handeln, rennen, wühlen,
zusammen reden, schweigen, fühlen,
dann sitzen wir oft zwischen Stühlen.
Sind wir das wirklich?

Wir wollen haben und befehlen,
und halten fest, zerstören, stehlen,
im Nebel, tastend nach Juwelen.
Und wenn wir schlafen, träumen, streben,
und alles nehmen, nichts mehr geben,
und schließlich hassen, daß wir leben.
Sind wir das wirklich?

Wir glauben, daß wir Liebe finden,
wenn wir den Andern überwinden
und uns für alle Zeiten binden.

Und wenn wir zweifeln, wägen, ringen,
mit Wölfen heulen, Beute schlingen,
Verlierern unsre Welt aufzwingen.
Sind wir das wirklich?

Wir reisen zu den Pyramiden,
und dann nach Mekka, ganz entschieden,
und sehnen uns nach Glück und Frieden.
Und wenn wir küssen, streiten, lieben,
vor Freude platzen, Wache schieben,
euch zuwinken von Wolke Sieben.
Sind wir das wirklich?

Tom

In einer jener ungewissen Stunden,
da hab' ich Dich zum zweiten Mal gefunden;
den großen, schlanken Mann mit Pickeln im Gesicht.
Du siehst mich forschend an; doch lächeln tust Du nicht.

Hier liegst Du nun - und ich in Deiner Nähe.
Ich freue mich, daß ich Dich wiedersehe!
Doch Du bleibst stumm, Dein Körper glänzt im Sonnenlicht.
Dein Schweigen tut mir weh! Erkennst Du mich denn nicht?

Es kommt ein Hilfeschrei aus Deinen Augen,
und halb verhungert willst Du Liebe saugen.
Die Zeichen sind bizarr, die Deine Psyche spricht.
Verzeih mir! ich verstehe diese Sprache nicht.

Und Deine Angst, Dein Schmerz und Deine Trauer,
umgeben Dich mit einer dicken Mauer.
Du hoffst, daß irgendwer den Käfig Dir zerbricht.
Ich hätte Lust zu schreien, jedoch ich schreie nicht.

Du siehst mich an und ich laß es geschehen.
Es tut mir Leid, so kann kein Wir entstehen.
Glaubst Du denn wirklich Sex befreit von *dem* Gewicht?
Ich mag Dich wie Du bist, allein Du spürst es nicht.

Hilferuf

gedichtet für Rolf aus seinen Worten: Hier, Ich, Eisen,
Ruhe und Stein.

Hier bin ich -
will endlich Ruhe.
Ich trage Eisen,
große Schuhe.

Bitte glaubt nicht
ich bin aus Stein,
denn oft da
fühl' ich mich so klein.

Ich suche Frieden,
Harmonie,
und möchte sein -
weiß nur nicht wie.

Ein Psalm

Wir preisen Dich auf Erden.
Du führst uns durch die Nacht.
Laß uns zu Lichtern werden,
durch Deine Huld und Macht.

Uns leuchten Himmelskerzen.
Wir loben Dich allein!
Befreie unsre Herzen
von Kummer, Not und Pein.

Verwandle unsre Triebe.
Mach uns, wir bitten Dich,
zu einem Meer der Liebe,
das strahlet königlich!

Laß unsre Seele grünen!
Zeig uns den Weg zum Licht!
Und allem Leben dienen
sei unsre höchste Pflicht.

Licht ist in allen Wesen,
die Herzen öffnen sich.
Du kommst uns zu erlösen.
Oh Menschheit, freue Dich!

Wasser-Gesänge

Tauche mit mir in das Wasser des Lebens!
Grenzen zerfließen, im Nu, ganz und gar.
Wir sind die Tropfen im Meer des Vergebens.
Laß uns versinken! Und komm zum Altar!

Sprenge des Herzens verrostete Dämme!
Lenke das Naß auf das durstige Land.
Wasser! Herbei! Überschwemm', überschwemme!
Durchflute die Seele und forme den Sand.

Öffne die Schleusen, Kanäle und Tore!
Fließe, oh Wasser, durch Herz, Kopf und Hand!
Stufe für Stufe bis hin zur Empore!
Fülle den Brunnen vom Grund bis zum Rand!

Springe ins Wasser! Entwerde dem Diebe!
Du wirst getragen wo immer Du bist!
Schmerzen verdampfen im Ozean Liebe.
Laß den Verstand! weil da Freude nur ist.

Werde zu Wasser im Rausch der Kaskaden!
Löse Dich auf! denn erst dann bist Du frei.
Stürz' Dich ins Glück! laß in Liebe uns baden!
Hörst Du den Jubel? Die Schöpfung ruft: „Sei!"

***

Zugabe - Gedichte an Bastian

(Sommer 2004)

Ich würde Dir gerne

I.

Ich würde Dir
gerne
mehr geben
Basti!
noch viel mehr geben
Basti!
noch sehr viel mehr geben
Basti!
und mehr und mehr
und dann...
werde ich Dir
alles geben.
Basti.

II.

Ich würde Dir
gerne
sehr gerne
nur allzu gerne
sehr sehr sehr gerne
geben
mehr geben
so vieles geben
sehr viel mehr geben
noch so viel mehr geben
Basti!

III.

Ich würde Dir gerne
so gerne, so gerne
und mit Gottes Segen
viel geben, viel geben!

Ich würde so gerne
den Mond und die Sterne
zu Füßen Dir legen,
mein Herz und mein Leben.

Ich würde auch gerne
dasein in der Ferne
Dich behüten und pflegen
träumen lieben und schweben.

Ein Hauch Glückseligkeit

Du schaust mich an.
Deine Augen leuchten.
Dann ziehen sich
Deine Mundwinkel
leicht auseinander,
bis Du es
nicht mehr aushältst
und Deinen Mund
zu einem
breiten Lächeln hingibst,
so dass man
Deine hübschen Zähne
sehen kann.

Dann gibt es kein Halten mehr.
Ich kann Dir so
nicht widerstehen
und lächle genauso
glücklich zurück,
bevor wir uns
heiße Küsse schenken.

Du hast in diesen
kurzen Stunden
schon so viel
von mir entdeckt.
Das ist selten.

Du bist ein Schatz,
ein ganz Süßer!
Du hast so schöne
blaue Augen
und so süße
ehrliche Ohren
und einen
leckeren Körper,
hmm!

Wenn Du so strahlst:
Ich kann Dir nichts
verwehren.
Und wenn
ich es täte:
Ich würde es
sofort bereuen.

Bastian

Ein hübscher Mann
setzte sich zu mir
ganz nah, ganz offen,
voller Vertrauen,
und fing an mich zu streicheln.
Sollte ich ihn küssen?

Ein süßer Mann
strich mit seinen
kratzenden Wangen
zärtlich über mein Gesicht
und fing an mich zu küssen!
Was ist denn das? Nanu?!

Ein zärtlicher Mann
überschüttete mich
mit seiner Liebe
ganz im Herzen, im Du!
und fing an mich zu verwöhnen!
Mich!

Ein feiner Mann
zog mich hinein
in das Meer der Liebe
glückseliges Fliessen!
und fing an mich zu berühren.
Meine Seele!

Ein glücklicher Mann
bleibt leicht zurück
noch ganz versunken -
nur ein Herz eine Seele -
und fängt an neu zu lieben.
Dank *einer* Seele,
einer Seele aus Gold!

Du

Wir waren so innig
und alles war stimmig!
Was hast Du nur
mit mir gemacht?
Mein Herz: es lacht!
Wo ist die Nacht?

Wir waren so nah
so unsagbar nah
Und jetzt bin ich
wieder allein –
doch halt! doch Nein!

Du bist mit mir
immer da
denn sobald ich
an Dich denke
und mein Herz
an Dich verschenke
Bin ich glücklich:
Du bist da!
Du bist in mir
Ja, ja,ja!

Du hast meinen Atem gespürt
und meine Seele berührt.

Basti!

Der Maler

Ich stehe im Mondlicht,
noch träumend am Strand...
Der Morgen erwacht.
Das Wasser ist still,
erfrischt durch die Nacht.

Es glitzern die Tropfen,
wie Gold ist die Welt,
Du kommst aus dem Meer...
Kommst aus dem Meer! Mann!
Ich staune - noch sehr...

Da stehst Du schon vor mir
in all Deiner Pracht,
so strahlend und schön -
Ich kann nichts mehr sagen
und laß es gescheh'n.

Gestillt ist mein Feuer,
verwandelt durch Dich.
Mein Feuerwehrmann!
Ich möchte Dich malen!
nur: ob ich es kann?

Dein mystisches Lächeln...
Oh Zauber aus Licht!
Oh himmlisches Glück!
Der Große Maler schuf
ein göttliches Meisterstück.

Texte

Der gebürtige Hamburger Wolfgang H. Hoppe schrieb die ersten Reime bereits im Alter von zehn Jahren. Später folgten Kabarettauftritte mit eigenen Texten, neben dem BWL-Studium, und die Veröffentlichung des satirischen Märchenbuches „Hoppemännchen's Märchenstunde". Daran schlossen sich eine Schauspiel- und Gesangsausbildung an, der Autor entdeckte die Meditation und initiierte das „Gedicht-Forum". Neben dem Besuch von Clown- und Lyrikworkshops nahm er Akkordeonunterricht und gründete einen Osterhasenservice...

Doch erst vor ein paar Monaten, nach dem der Autor erlebt hatte, dass sein Gedicht einem unglücklich verliebten jungen Mann Trost und Hoffnung gab, entstand dieses Buch. Er lebt derzeit in Schleswig-Holstein.

Titelblattgestaltung

Titelblattzeichnung

Kai Bammann, Jahrgang 1971, studiert zur Zeit Kunsttherapie (FH), womit er Hobby und Beruf verbinden möchte. Er lebt und arbeitet in der Nähe von Bremen. Im künstlerischen Bereich liegen ihm besonders das Zeichnen sowie das Anfertigen von Grafiken am Herzen.

Titelblattbeschriftung

Annemarie Fleuriot geboren in Suresnes in Frankreich, dort wo sich Kelten und Sufis begegneten, lebt seit 15 Jahren in Hamburg. Madame Fleuriot spricht viele Sprachen und reist gerne, daher ist der Tourismus die Branche, in der sie am liebsten arbeitet. Sie hat ein Talent für Kalligraphie und Aquarell-Zeichnungen.